KALA-PANI
La
malédiction des flots

© 2009
Georges COCKS
Tous droits réservés. Toutes représentations de l'œuvre en expression écrite ou orale sont interdites sans l'autorisation de l'auteur ou de l'éditeur sauf en milieu scolaire à des fins pédagogiques.

KALA-PANI
La
malédiction des flots

Comédie théâtrale dramatique

Pièce concourue pour le festival de théâtre
d'Avignon en juillet 2004

KALA-PANI LA MALEDICTION DES FLOTS

Personnages

Monsieur Layrle, *Gouverneur.*

Catherine, *femme du Gouverneur.*

Christophe, *fils du Gouverneur.*

Philippe, *fils du Gouverneur.*

Delphine, *fille du Gouverneur.*

Renetta et Arlette, *servantes.*

Officier (s) soldat (s).

Lution, *Directeur général de l'administration.*

Blanc, *capitaine.*

Nanmâran, *vatialou indien.*

Sivabalan, *cousin de Thamili, indien.*

Thamili, *cousine de Sivalaban, indienne.*

Ramasâmi, *jeune indien*.

Arulamal, *femme de Nanmâran, indienne*.

Nâvalan, *homme indien*.

Le conseil privé du Gouverneur.

Le conseil colonial du Gouverneur.

Le colon, *chef de l'habitation*.

Le Chef du service de l'immigration.

Acte I

La Scène

Le Gouverneur Layrle dîne avec sa femme, ses deux fils Christophe et Philippe, et sa fille Delphine. Deux femmes noires (Renetta et Arlette), assurent le service de table. Il raconte le ravage causé par un grand ouragan sur l'île de St-Christophe.

Le Gouverneur

(....) il commença à neuf heures du matin par un vent du Nord, qui dura jusqu'à cinq heures du soir, une heure après, il recommença par un vent du sud par une telle impétuosité qu'il renversa toutes les maisons et les cases, et causa une telle frayeur aux habitants qu'ils se couchèrent dans la campagne, ne croyant pouvoir être en sécurité nulle part ailleurs. Et je crois appuyer suffisamment cette vérité par l'extrait d'une lettre que le Chevalier de Saint-Laurent écrit à M. Colbert.

Un officier arrive dans la grande salle du repas.

L'officier

Veuillez m'excuser M. Le Gouverneur,
D'interrompre ce repas plein de saveur.
Voyez là une lettre des grandes colonies,
Il semble qu'il en va de l'avenir des sucreries.

Le Gouverneur

Approchez, apportez-moi cette maudite nouvelle
Qui j'espère ne finira pas dans ma poubelle (*en riant, il tend la lettre à Christophe. Il fait un geste de la main et congédie les servantes*).

Fils ! Veux-tu, je t'en prie, prendre lecture à haute voix ?

Christophe

A Monsieur le gouverneur,

Des officiers locaux des colonies de Port-Louis et de Capesterre,

Monsieur,
Depuis le décret du 22 mai 1848 de Victor Schœlcher abolissant l'esclavage, les Noirs sont de plus en plus nombreux à refuser de travailler dans les plantations, ce qui entraîne le déclin de la production de sucre.
Ils préfèrent exploiter des petits lopins de terre dans les mornes pour se nourrir, planter leur case et fonder un foyer. Le pouvoir colonial a, certes, pris des règlements pour contraindre les hommes devenus libres à retourner dans les champs travailler. Mais, comme le dit la commission Schœlcher :

« Les nègres auront des difficultés à comprendre qu'ils puissent être à la fois libres et contraints. La République ne veut pas reprendre d'une main ce qu'elle a donné de l'autre ; dans les colonies comme dans les métropoles le temps des mensonges est révolu ».

Par écho, la situation est identique à l'île de la Martinique. Si nous ne trouvons pas une solution le sucre des Antilles ne quittera aucun port car son commerce est fortement concurrencé par la production asiatique et par la culture de la betterave en Europe. Nous espérons que cette lettre vous parviendra assez rapidement pour en appeler aux Rois de France et d'Angleterre. En attendant, nous essayons de persuader le plus grand nombre de nègres de travailler comme des hommes libres sans aucune crainte du fouet et de la servitude.

Vos très humbles et dévoués serviteurs Le Poirier et Deblaciat.

A Capesterre le 7 février 1854.

Le gouverneur se lève de table sans dire un mot. Sa femme, sa fille, et l'autre fils le regardent.

Christophe

Père....

Le Gouverneur

Fils ! Demain, dès la neuvième heure,
Convoque tous mes hauts conseillers
Et insiste pour qu'ils soient à l'heure.
Aucun retard ne sera toléré.

Le Gouverneur se retire dans ses quartiers laissant sa famille à table.
Mme Le Gouverneur rappelle les servantes.

Christophe

Notre père semble très préoccupé.

Delphine

Cette nouvelle l'a fortement troublé.

Philippe (le plus petit) pendant ce temps déchire la mie d'un morceau de pain, en fait des boulettes et les jette à sa sœur.

Mère

Ca suffit Philippe ! Mange ta soupe pour aller te coucher,
Car demain de bonne heure il te faudra être sur pied.

Delphine enlève les boulettes de ses grands cheveux n'ayant jamais vu l'ombre des ciseaux.

Christophe

Si les noirs ne veulent plus travailler
On ne saurait les y obliger.

Delphine

Qu'allons-nous devenir si la plantation est désertée ?

Philippe

Moi je sais ! Je vais m'asseoir et vous regarder travailler,
Je suis encore un tout petit enfant,
Je ne peux pas travailler dans les champs.

Mère

Ne t'inquiète pas, tes petites bêtises ne vont pas durer toute l'éternité.
Dépêchons-nous d'en finir avec cette soupe car la nuit est fort avancée.
Cela fait très longtemps que votre père se préoccupe de cette situation
Demain le conseil ne s'en ira tant qu'il n'aura pas trouvé une solution.

Je doute fort que même Sieur Lution puisse le ramener à la raison.
Prions ensemble les enfants pour que Dieu n'éloigne pas son pain de la maison.

Ils courbent la tête et les deux servantes, Renetta et Arlette se joignent à eux. La mère fait la prière, elle récite le notre père :

Mère

Notre Père dans les cieux, que ton nom soit sanctifié. Que ton royaume vienne. Que ta volonté se fasse, comme dans le ciel, aussi sur la terre. Donne-nous aujourd'hui notre pain pour ce jour ; et remets-nous nos dettes, comme nous aussi avons remis à nos débiteurs. Et ne nous fais pas entrer en tentation, mais délivre-nous du méchant.

Tous ensemble

Amen !

Les enfants se lèvent embrassent leur mère chacun à son tour en disant :

Les enfants

Bonne nuit maman !

Mère

Brossez-vous les dents !
Petit chenapan ! *(En passant ses doigts dans les cheveux de Philippe)*

Puis s'adressant aux servantes :

Ne jetez pas aux porcs les bons morceaux de la table
Remplissez bien votre corps, et soyez insatiables
Mon mari ne doit se douter que nous partageons sa peine
Car demain sa journée sera remplie et sera de longue haleine.
Mesdames, que vos âmes puissent connaître une nuit de repos
Car je sais qu'elles réclament justice sous le poids des fardeaux.

Elle s'en va sur ces mots.

Les lumières s'éteignent.

Acte II

La scène

Les lumières se rallument, la table est débarrassée, on retrouve Renetta et Arlette qui préparent la table pour le petit déjeuner de Monsieur Layrle. Elles ne disent rien, elles s'occupent, sans un sourire. Le Gouverneur Layrle rentre dans la pièce, il est 8h30 du matin, il porte son uniforme.

Le Gouverneur

Bonjour ! Mesdames !

Renetta et Arlette

Bonjou Missié !

Le Gouverneur

Votre café est aussi reposant
Que le parfum que dégage l'encens
Versez-moi une tasse de cette chaude boisson
Car cette nuit je n'ai pas eu l'occasion
De me tenir dans une bonne position.

Arlette lui verse son café, il continue à parler seul :

Je remercie chaque jour l'officier Des Clieux autant que Dieu
D'avoir eu la grande et brillante idée de faire pousser sous nos cieux,
Ces petites graines à qui on confère la vertu
De garder ouverts les yeux comme sur une dame nue.

Il boit son café, se lève et se rend à son bureau qui se trouve dans une autre pièce de la maison. Il traverse la salle……..

Acte III

La scène

Il trouve là assis ses hauts fonctionnaires, dont le Directeur général de l'administration intérieure chargée de contrôler tout ce qui a trait à la culture et la main d'œuvre et son conseil privé constitué de trois conseillers coloniaux. Le Directeur fume une pipe à tabac. Le Gouverneur déteste le tabac. Il se met à tousser dès qu'il franchit le seuil de la pièce remplie de fumée.

Ils se lèvent pour le saluer

Le Gouverneur

Allons Messieurs !
Restez assis, je vous en prie !
Gardez vos bonnes manières pour plus tard
Vous en aurez grandement besoin ce soir
Quand vous franchirez les portes de ce manoir.
Pour courtiser quelques Dames au square.

Il regarde Lution et dit :

Monsieur Lution !
Si Dieu avait voulu vous doter d'une cheminée
Vous aurez été une de ces machines rouillées
Traînant ces wagons remplis de cannes brûlées.
Eteignez-moi ce *boucan* avant de m'exterminer.
(Il finit sa phrase en toussant)

La viande de mon souper d'hier soir   *(il sort de sa poche la lettre reçue)*
Fut cette lettre signée à l'encre noire
Par vos confrères Deblaciat et Poirier
Ayant une nouvelle de toute importance
Qui semble nous menacer de plein fouet.

Il tend la lettre à Lution

Faites-nous-en prendre connaissance.

Lution

Monsieur,

Depuis le décret du 22 mai 1848 de Victor Schœlcher abolissant l'esclavage, les Noirs sont de plus en plus nombreux à refuser de travailler dans les plantations, ce qui entraîne le déclin de la production de sucre.
Ils préfèrent exploiter des petits lopins de terre dans les mornes pour se nourrir, planter leur case et fonder un foyer. Le pouvoir colonial a, certes, pris des règlements pour contraindre les hommes devenus libres à retourner dans les champs travailler. Mais, comme le dit la commission Schœlcher :

« Les nègres auront des difficultés à comprendre qu'ils puissent être à la fois libres et contraints. La République ne veut pas reprendre d'une main ce qu'elle a donné de l'autre ; dans les colonies comme dans les métropoles le temps des mensonges est révolu »

Par écho, la situation est identique à l'île de la Martinique. Si nous ne trouvons pas une solution le sucre des Antilles ne quittera aucun port car son commerce est fortement concurrencé par la production asiatique et par la culture de la betterave en Europe. Nous espérons que cette lettre vous parviendra assez rapidement pour en appeler aux

Rois de France et d'Angleterre. En attendant, nous essayons de persuader le plus grand nombre de nègres de travailler comme des hommes libres sans aucune crainte du fouet et de la servitude.

Vos très humbles et dévoués serviteurs Le Poirier et Deblaciat.
A Capesterre le 7 février 1854

Il est vrai que cette situation perdure depuis un certain temps
Et nous croyions que les choses allaient s'améliorer, cependant,
Aux dires de nos chers confrères dont je partage le désarroi
Il est impératif de résoudre ce problème de surcroît.
Même les travailleurs libres qui consentent à rester
Exigent des salaires de plus en plus élevés
Grevant ainsi un budget déjà déséquilibré.

Avis du conseil colonial

Puisque ces Noirs sont devenus pour certains des marrons
Il faut trouver une nouvelle main d'œuvre pour les Bytasions….

Conseil privé

Faisons venir d'autres travailleurs neutres de la situation
Pour relancer l'activité de production dans les plantations.

Le gouverneur

C'est exact ! On ne peut rien attendre des Nègres
Car la Loi Mackau a fait d'eux des hommes intègres
Qui leur confère la jouissance de biens personnels
Si bien qu'ils s'attachent à leur situation matérielle.

Lution

Puisqu'il est difficile de les déloger
Alors nous allons devoir maintenant recruter.

Le Conseil colonial

Il n'est plus question de faire venir d'Afrique ces congos
Car cela fut un échec complet pour la colonie.
Ni les Portugais car ils sont avides, rapaces et peu scrupuleux,
Les Chinois sont trop violents même s'ils sont des travailleurs vigoureux.

Lution

L'administration des îles de Trinidad et Tobago
Est un exemple de réussite pour leurs industries.
Il ne nous reste qu'à suivre ce modèle nous aussi
Comme l'île Maurice et la Réunion où l'esclavage est aboli.
Je crois que les coolies ont un caractère doux et soumis
Et respectent scrupuleusement les engagements pris.
En plus leur travail ne laisse jamais à désirer,
Et cela d'autant plus qu'ils soient ou non surveillés.
Sans oublier qu'on peut gagner sur le salaire à payer
Comme nous l'avons toujours fait jusqu'à maintenant.
En retenant 2 centimes, il serait d'un Franc.

Le gouverneur

Combien de jours faut-il à un navire pour appareiller ici ?

Lution

Trois mois au plus Monsieur le gouverneur !
Si la mer lui octroie cette faveur.

Le Gouverneur

Nous avons d'importants comptoirs en Inde qui comptent des millions d'hommes,
Ne perdons pas de temps pour que ne s'évapore pas tout notre rhum
Et que tout notre sucre ne se cristallise pas comme de vulgaires sucettes
Sans quoi c'est nous qui irions le vendre sur les places publiques en *Kabouèt.* (*charrette*)

Ils se mettent tous à rire et le gouverneur reprend la parole

Si je me rappelle bien, nous avons cinq comptoirs au total :
Chandernagor- Yanaon- Mahé- Pondichéry et Karikal.
Vous m'avez, une fois de plus, prouvé
Que vous êtes des hommes sur qui on peut compter.

Il se lève tout en parlant et se dirige vers un buffet d'où il prend une bouteille et des verres…

Buvons à la santé de nos futurs compagnons d'infortune !

Il montre la bouteille…

Voici une vieille bouteille de Tafia mélangée de prunes,
Buvons-en jusqu'à en boire toute la lie
Car je n'ai bu de meilleure eau de vie
Depuis mon père jusqu'à aujourd'hui.
Et je vais en boire, même cloué au lit.

Ils se sont tous servi et portent un toast, chiing

Tous ensemble…

Longue vie à la sucrerie !

Le Gouverneur
 Surtout à la distillerie ! *(En riant)*

Le gouverneur se lève pour quitter le conseil.

Le Gouverneur

Je vous charge de m'écrire une lettre à envoyer dès demain
Pour la société d'immigration de l'Inde française basée à Pondichéry
Afin d'établir de façon permanente un autre contrat avec la Compagnie.

Lution

Soyez assuré de notre collaboration et de notre soutien.

Le Gouverneur

Elle possède des agents d'une compétence inouïe
Qu'elle appelle dans leur langue officielle des Mestri
Nous voulons des hommes robustes, de la bonne marchandise,
Nous les voulons ici même dans trois mois quoi qu'ils en disent.

Le gouverneur sort…….. Les lumières s'éteignent.

Acte IV

Entracte pour passer à l'acte V

La Scène

Le Gouverneur mange avec sa famille il est midi. (Même personnage que l'acte I, les servantes ont leurs mêmes habits que ce matin au petit déjeuner de Layrle et la famille a changé de vêtement.

Femme du Gouverneur

Mon chéri ! La joie qui se lit sur ton visage
Exprime combien tes hommes ont sans doute été sages !

Le gouverneur

Oui Catherine !
Ils ont tous trouvé faveur à mes yeux.
Ce ne sont pas des hommes vaniteux ;
Ils sont par-dessus tous les meilleurs
Ils me font vraiment un grand honneur.

Delphine

Ah ! Arrête !

Phillipe fait encore une farce à sa sœur.

Le Gouverneur

Mangeons et buvons ! Car demain nous n'allons pas mourir
Mais un jour nouveau se lève et il ne sera pas pire
Que ceux que nous avons connus jusqu'alors.
Passez-moi donc le boucané de porc.

Acte V

Entracte pour passer à l'acte VI

*La scène se passe dans le bureau du gouverneur trois mois plus-tard. Nous sommes à la veille de l'arrivée de 4 navires en provenance de Pondichéry et de Karikal au sud-est de l'Inde, qui accosteront dans la rade de la Darse à Pointe-à-Pitre.
Le Gouverneur s'entretient avec Lution.*

Le Gouverneur

Quelles sont les nouvelles de nos vaisseaux mon capitaine ?

Lution

Ils devront rentrer demain poussés par leur seule misaine.

Le Gouverneur

Bonne Nouvelle !
Ecris-moi un petit discours cher Lution
Que je présenterais en cette occasion.
Quel jour solennel !

Le Gouverneur se lève et se dirige vers Lution qui se lève à son tour, il lui tend la main et dépose l'autre main sur son épaule de façon amicale. Ils s'en vont (dos au public) le Gouverneur passe sa main par-dessus l'épaule de Lution et gesticule de l'autre main pour faire comprendre qu'ils discutent…

Acte VI

La scène

Une foule de Noirs regardent accoster un des quatre navires. Le plus majestueux des vaisseaux a pour nom l'Aurélie. Les Noirs sont tenus en retrait par des officiers blancs en armes à feu.
Le gouverneur et Lution s'approchent du quai pour rencontrer le Capitaine de l'Aurélie.

Ils traversent une foule d'indiens bien disposés comme sur un champ de bataille sur la place de la Victoire à la Darse. Le débarquement des passagers est dans sa phase terminale. Cette scène se passe sur un bruit de fond de foule où le créole est dominant.

Lution est légèrement en retrait.

Le Gouverneur

Serrant la main du Capitaine

Joli bateau que vous avez là mon capitaine !

Capitaine

Merci monsieur !
Sans vous paraître prétentieux il a la vingtaine
Ses cales sont déjà usées par les chaînes,
Un jour il coulera, lourd, par trop de haine.

Le Gouverneur

Dites Capitaine Blanc !
N'y avait-il pas quatre navires pour cette destination ?

Capitaine

Assurément !
Nous avons eu la chance de profiter de la situation.
Nous avons quitté Pondichéry par deux jours d'avance,
Et en levant l'ancre de notre escale à St-Hélène
Le temps se gâtait et prenait une couleur d'ébène.
Ils n'étaient peut être pas très loin avec un peu de chance,
Et devraient mouiller dans les eaux des Saintes pour la quarantaine

Dans deux ou trois jours maximum ; ne vous donnez pas tant de peine,
Mon Gouverneur !

Scène 2

Le gouverneur et le capitaine continuent de parler. Des officiers des navires tiennent un registre des passagers pour vérifier si tous sont là. Il ne comporte pas de noms mais des matricules d'identification. A chaque appel les nouveaux arrivants lèvent la main.

Officier

24931, 24932, 24933……..

Pendant ce temps le Gouverneur prend place sur une estrade de fortune faite de tonneaux de poudre vides. Lution s'installe à côté de lui sur une sorte de comptoir (table). Les officiers terminent les dernières vérifications et Layrle prend la parole. Le silence s'installe.

Messieurs les officiers, colons et maîtres des habitations de Guadeloupe !

Mon conseil et moi, nous avons pris les mesures nécessaires
Pour sortir vos plantations et notre sucre de la misère.
Comme vous avez souhaité nous saisir de cette situation
Avec empressement nous nous sentions dans l'obligation
De faire face rapidement à la faillite de la sucrerie ;
Par une main d'œuvre indienne connue sous le nom de coolie.
Ces hommes sont des hommes libres et aujourd'hui il vous appartient
De les faire travailler dans vos champs et de les traiter comme vos biens.
Que vous leur versiez un salaire et qu'ils mangent et boivent à leur faim.
Nous avons signé avec eux un contrat de cinq années,
Après quoi s'ils veulent partir, ils en ont la liberté.
Rappelez-vous : ce ne sont que de simples hommes engagés.
Pour une durée déterminée faites les donc travailler.
Selon le capitaine, ils auraient déjà été mis en quarantaine
Pour qu'aucune maladie ne se développe chez vous comme la gangrène.

Approchez-vous et choisissez votre futur bataillon,
Et tenez à jour votre liste d'hommes auprès de Lution.

Vive la liberté !

La foule

Vive la liberté !

Layrle descend de son trône, les colons ne se font pas prier, ils recrutent leur main d'œuvre. Ils ne tiennent pas compte des couples, des familles, et séparent les uns des autres ce qui entraîne un brouhaha de pleurs de femmes et d'enfants.

Acte VII

La scène

Dans une pièce de 9m² vide et sans éclairage se trouvent une jeune femme, son cousin, un couple (plus âgé) et deux autres jeunes hommes, amis sans lien de parenté.
Ils arrivent à la plantation de Godet à Petit-Canal à la tombée de la nuit.
La jeune femme se met à pleurer et sort dehors vomir. Les autres se regardent, ils ne se connaissent pas. La femme se lève et va la rejoindre.

Homme

Pourquoi pleure t-elle votre sœur ?

Cousin

Nous sommes cousins, pas frères.

Homme

Comment vous appelez-vous ?

Cousin

    Nanmâran
               *(**Nanmâran** : "Beau et Courageux".)*

Homme *(il se tourne vers les 2 autres)*

Et vous ?

Moi c'est Sivabalan !   *(**Sivabalan** : "Fils de Shiva")*

 Et moi c'est Ramasâmi !

                       *(**Ramasâmi** : "Maître Râma".)*

Homme

Je m'appelle Nedumâran je suis un *Vatialou*
(**Nedumâran** : "Grand et Courageux".)

Et ma femme dehors c'est Arulammal,

(**Arulammal** : "Femme Bénie".)

Elle est de la région du Bengale ;
Elle est la reine de la cuisson des *palpous*.

Nanmâran

Dis-nous ce que nous faisons ici ?
Et comment s'appelle ce pays ?

Arulammal et la jeune fille rentrent, elle sanglote encore.

Arulammal

Mes chers enfants !
Ce long voyage n'est que le début de nos tribulations.
Cet enfant que voici vient de quitter Pondichéry.
Elle a fui la misère mais dans la cale de l'Aurélie,
Elle a été trouvée si jolie par son *Potou* au front
Que ces marins Blancs l'ont prise dans toutes les positions.

Violée contre son propre gré elle porte une grossesse non désirée.
Aujourd'hui elle n'a pas assez de larmes pour pleurer sa virginité,
Et dans quelques jours elle sera contrainte de travailler
Aussi dur que ses parents qui sont morts pour l'élever.

Mère Malyémen nous aurait elle abandonné à nos péchés ?
Gardons l'espoir, de pouvoir revoir un jour, notre terre sacrée.

Thamili ("Tamoule") essuie ses larmes dans son sari, elle s'est un peu calmée.

Nanmâran

Je n'étais point informé de cette mésaventure
Et soudainement je me rends compte comment la vie est dure.

Ramasâmi

J'ai vu des hommes agoniser et mourir du choléra
Et leurs corps furent jetés à la mer à la seule force des bras.
Les grippes foudroyantes ne laissaient aucune chance
Même à ceux qui voulaient montrer toute leur résistance.

En pleurant
J'ai vu beaucoup de frères mourir à cause de la faim
Pliés en deux, tendant la main pour un morceau de pain,
Attendre une délivrance certaine
Que seule la mort pouvait offrir sans peine.
Un rendez-vous qu'on souhaiterait manquer assurément.

Nedumâran

Nous avons signé un contrat, respectons notre engagement,
Ensuite nous nous en irons par le même chemin.
Soyons calme, il faut que s'accomplisse notre destin.

Arulammal

Il y a trois mois nous n'avons dormi que sur la mer,
Alors profitons pleinement de cette nuit sans roulis
Pour donner du repos à nos âmes en laissant dans l'oubli
L'instant d'une lune, toutes nos misères, prions Sakyamuni
Car on ne pourra nous séparer de notre chère mère :
La terre, comme on nous a séparé de Pondichéry.

Se tournant vers Thamili qui n'a jamais dit un mot.
Que ta nuit soit douce ma belle chérie !

Scène 2

Le jour se lève, nos amis ont beaucoup dormi. Ils sont réveillés par les bruits des colons et autres travailleurs qui s'activent depuis 4 heures du matin. On voit aller et venir des hommes équipés pour le travail.
Un officier passe dans le quartier des indiens tenant un registre pour vérifier s'il n'y a pas eu de marronage précoce. Après quoi, le petit groupe sort rejoindre les autres frères.

Officier

Vous êtes tous là ?

Engagé 30100, Engagé 29131, Engagé 40261, Engagé 24700 etc….

L'officier s'en va….

Nedumâran

Allons rencontrer les autres pour voir ce qu'il reste des nôtres.

Ils sont tous rassemblés dans des cases formant une cour sur le milieu.
Nedumâran *se dirige vers l'homme le plus âgé de tous. Il le salut.*

Nedumâran

Mon frère !
Je suis Nedumâran et je viens prendre des nouvelles.

Nâvalan *(Nâvalan : "Qui A une Bonne Langue", "Orateur".)*

Je m'appelle Nâvalan ! Elles ne sont pas belles.
Hier soir je me suis réveillé pour soulager ma vessie
Et un inconnu m'a demandé ce qu'on faisait ici.

Je lui ai dis que nous sommes venus gagner notre vie
Alors il m'a dit :
Vous avez été conduit comme esclave pour travailler dans les sucreries
Car c'est la faillite complète depuis que l'esclavage est aboli.
C'est alors que j'ai compris que les histoires contées sur l'Aurélie
N'étaient pas des plaisanteries, mais une grande supercherie
Dont nous avons tous été victimes en quittant Pondichery.
Très peu de gens ici se sont portés volontaires.
Nous avons été dupés par nos propres frères pour quelques roupies
Des promesses mirifiques pour devenir propriétaire
Sur de grandes parcelles de terre plus fraîche que le sol de notre pays.
Vois ! A cette mère et à ses enfants ils ont offert des gâteaux
Et à leur réveil ils étaient tous enfermés dans un dépôt
Où ils sont restés cinq jours, dont deux jours sans rien à boire ni à manger.

Nedumâran

Je n'ai jamais connu de situation d'une si grande méchanceté.

Les raisons qui ont conduit chacun de nous ici sont nombreuses,
Mais alors, aucune de ces raisons ne me semble avoir d'intérêts valables.
Nos filles ont été violées quand bien même certaines portaient un tali
Si bien qu'elles ont terriblement peur et ne peuvent plus dormir la nuit.
Assurément Kalimaï vengera tous ces actes abominables.
Nos femmes aussi ont été abusées tandis que leur mari sans dhoti
Etaient mis aux fers et battus sans raison,
mouraient d'une quelconque maladie ;
Le châtiment peut-être du Kala – Pani
Les dieux en ont forcement décidé ainsi.

Nâvalan

Il ne nous reste qu'à prier Sarasvati de nous épargner ce mal
Car nous n'avons pas cherché à fuir la face de nos dieux de Bengale
Jusque dans ces champs de la Guadeloupe ici à Petit-canal.

Scène 3

Le colon engagiste de la plantation en compagnie de deux officiers entrent dans le camp.

Le Colon

Ess kè ni on moun a dan zot ka palé é konpwan kréol ou fwancé ?
Y a t-il quelqu'un parmi vous sachant parler et comprendre le français ?

Nedumâran

Oui Maître !
Nous sommes très peu nombreux mais assez pour vous faire comprendre
Auprès des hommes et des femmes que voici et cela sans plus attendre.

Le Colon

Dites à vos amis et familles de se séparer en trois groupes :
D'un côté les familles complètes, de l'autre les hommes
Et le dernier groupe se composera des femmes.

S'adressant à Nedumâran

Tous les hommes vont travailler dans les champs dès demain matin
Le travail commence à quatre heures et demie jusqu'à Midi
Et ensuite de treize heures et demie à six heures et demie
Voici des patates, du poisson, de la farine et du riz.
De quoi passer la journée, ce soir et jusqu'à demain matin,
Les femmes s'occuperont du nettoyage domestique en priorité.
Et si la charge de travail dans la plantation en vient à augmenter
On pourra les utiliser si nécessaire.
Chacun apportera à la colonie son savoir-faire.

Demain on fournira aux hommes en premier un pantalon
Des outils et une chemise à manche longue en coton.
La canne coupée est attachée, transportée et pesée
Dans la gare de proximité où se parquent les wagons.
Il faudra ensuite s'occuper des taureaux
Et les mener à la mare pour boire de l'eau
Seulement après vous pouvez rentrer et manger votre ration.

Nedumâran

Maître !
Nous avons des hommes qui méritent la visite d'un médecin
Si vous voulez qu'ils soient solides pour le travail demain.

Le Colon

Nous avons un seul médecin pour toute la colonie
Si parmi vous quelqu'un a déjà sauvé une vie
Qu'il se joigne à lui dès qu'il aura rempli pleinement sa journée.
Cette jeune fille sera la nouvelle servante de ma maisonnée.
(En désignant Thamili)

Nedumâran !
Après la visite du médecin envoyez-moi cette fille,
Avec une femme sachant cuisiner pour ma famille.
Un de mes hommes passera pour leur indiquer le chemin
Qu'elles devront emprunter à partir de cinq heures du matin.

A un des officiers

Mettez-moi à jour le registre par familles et par hom-mes et femmes célibataires.

Le colon s'en va un des officiers reste mettre le registre à jour tandis que l'autre va à l'hôpital prévenir le médecin. Les indiens regardent la nourriture apportée puis donnent à manger aux enfants en premier. Arulammal s'empresse d'aider les autres femmes.

Nedumâran

Arulammal ! Tu iras cuisiner pour le maître blanc
Tu veilleras sur Thamili car tu es sa mère à présent.

Nâvalan

Je crains de mourir ici car mon âme ne quittera pas ce pays.

Nedumâran

Nous n'avons aucun prêtre parmi nous pour nous faire un semblani.

Nanmâran et Ramasâmi s'approchent d'eux.

Nâvalan

Qui sont ces jeunes gens ? Tu as des fils Nedumâran ?

Nedumâran

Non Nâvalan ! Ces braves gens que tu vois sont :
Nanmâran et Ramasâmi.
Lui c'est le cousin de Thamili, elle porte une grossesse depuis L'Aurélie.
Voilà le médecin qui arrive !

Nâvalan

Pourquoi as-tu demandé un médecin ?
Tous les hommes ne se portent-ils pas bien ?

Nedumâran

En effet Nâvalan ! C'est juste pour les petits, pour voir s'ils ne souffrent de rien.
Durant ce voyage, j'ai vu plus de maladies que de puces sur un chien.

Médecin

Que puis-je faire pour vous, chers messieurs ? Ici tout commence déjà à manquer.
La main d'œuvre, les médicaments et moi-même je suis déjà fatigué.
Faites très attention à vous car les Nègres ont eu vent de votre arrivée
Et selon les rumeurs qui courent à votre sujet ils ne semblent guère apprécier

Votre réponse à l'appel de charité des planteurs pour relancer l'activité.

Nâvalan

Nous, nous nous portons bien. Mais, nous nous faisons du souci pour ces petits (*montrant du doigt*)

Médecin

Se dirige vers les enfants

Très bien, à ce propos le meilleur remède que je vous conseille aujourd'hui
C'est de ne jamais tomber malade car vous serez mis au régime,
Comme si le dur travail que vous faites n'était pas déjà une dîme.
Vous trouverez des plantes aussi vertueuses que celles de votre pays.

Il se tourne et regarde Nâvalan

Si vous passez à la lisière d'un bois près de quelconques broussailles,
Et que croisez un pied de paroka, ramenez en quelques feuilles
Que vous appliquerez sur votre épaule et votre bras tout le long
La chaleur a desséchée votre peau et irrite et votre champignon.

Nâvalan surpris regarde Nedumâran , et tout bas,

Nâvalan

D'où connaît-il ces choses ce fou qui semble être marié au tafia !

Nedumâran

Je ne sais pas. Une chose est sûre, si l'on peut trouver ici du paroka,
Nous pourrions trouver de quoi nous soigner et faire nos célébrations.

Le médecin a fini, il se lève pour partir.

Médecin

Ne vous inquiétez pas pour ces enfants, faites seulement attention
A ce qu'ils, ne se mouillent et ne gardent leurs vêtements sur le dos
Et un petit thé de deux jours de fèy a sirèt bien chaud
Leur fera du bien dans la peau.
Allez-messieurs à bientôt !

L'officier restant s'avance vers Nedumâran

Officier

Quelle est la femme que tu as choisie pour venir avec la servante ?

Arulammal

C'est moi monsieur ! Allons Thamili !

Nâvalan

Accompagne-les Ramasâmi !

Acte VIII

La scène

Plusieurs mois se sont écoulés, la misère est là. Thamili a mis au monde un fils qui marche déjà. Les Indiens se plaignent de leur situation auprès des services de l'immigration qui leur rend visite par le biais des syndics eux-mêmes cruels et sans merci. Les Indiens sont vêtus comme les Européens chemises et pantalons, ils ont gardés leur dhotî qu'ils mettent pour dormir ou quand ils ont lavé leurs vêtements.

Scène 1

La scène se déroule dans le campement des indiens. Thamili est assise elle regarde son fils jouer avec les autres enfants qui ont grandi. C'est dimanche les hommes vont rentrer plus tôt. Arulammal s'approche d'elle et s'exclame en s'asseyant à terre.

Arulammal

Mi on bel ti bata'zindien, mi!

Thamili

Oh, oui ! Theivamaga*n* est très joli
Et je trouve tout aussi joli le nom que tu lui as choisi
Qui signifie fils de dieu, ne lui causera nul souci
Quand il cherchera à savoir qui est son père
Car nous sommes tous enfants de Dieu, le seul père.

Arulammal

Tu sais Thamali la beauté est un don divin
Et à cause d'elle on peut connaître le chagrin.
Tu es ma fille et en tant que mère je veux ton bien
Alors j'ai pensé que si tu demandais à Rama sa main
Tu serais plus à l'abri de ces mauvais vauriens
Qui exploitent nos hommes et violent nos femmes.

Nous avons été conduit en exil et notre vie est en péril.
Je n'aime pas la façon dont ce colon te regarde
Il vaut mieux pour toi que tu te tiennes sur tes gardes
Il y a un vieux proverbe indien qui dit :
ikkarèï mâttukkeu akkarèï patchèï.
Pour la vache, l'herbe est toujours plus verte sur l'autre berge. (traduction)

Thamili

Tu as raison mère. Nous sommes nouveaux dans ce pays
Il nous faut commencer à assurer notre survie (…..)

Les hommes sont de retour. Les enfants qui jouent courent à leur rencontre.

Arulammal

Tiens ! Voilà les hommes qui arrivent, ils sont plus recourbés qu'une faucille.

Neduramâran

Quelle journée difficile !
Nous avons reçu la visite des agents du service de l'immigration.

Et nous leur avons raconté nos misères et la cruauté du colon.
Ils vont passer ici dans les prochains jours pour contrôler nos livrets
Avant de faire un rapport à leur chef à la Basse-Terre
Qui doit rendre compte au Directeur de l'intérieur ;
Et à mon avis cette visite ne sera pas retardée.

Le colon qui avait été prévenu par un de ses officiers de la visite et des plaintes des indiens se rend au camp avec plusieurs officiers et surprend Neduramân dans sa discussion.

Colon

Toutes mes félicitations Monsieur Neduramân!
A ce que j'entends, il ne vous faudra pas longtemps
Pour connaître l'organisation complète de l'administration.
Vous, vous êtes moqués de moi, vous et Nâvalan.

Se tournant vers l'officier

Qui sont ceux qui étaient avec eux ?

Il montre du doigt Ramâsami et Nanmâran

Veuillez vous approcher ici vous deux.
Je vous ai réservé un petit traitement de faveur
Qui ne peut être administré sans aucune douleur.

(Il montre du doigt Neduramân puis se tourne vers Navalân)
Fouettez-moi cet homme pour qu'il apprenne à me respecter
Et celui là, enfermez le trois jours sans rien à manger.
Quand à ces deux là, offrez leur une petite ballade en tonneau
Pour qu'ils se rappellent la douleur des aiguilles en regardant leur peau.

L'officier fouette Neduramân avec un morceau de rotin. Sa femme se jette sur lui pour l'arrêter et il la repousse si violemment qu'elle tombe. Thamili s'empresse pour l'aider à se relever. Elle crie en pleurant.

Arulammal

Arrêtez vous allez le tuer !
Maître, arrêtez s'il vous plaît, pitié ! *(En se jetant au pied du colon)*

Colon

Madame !

Votre mari et ses amis se sont moqués de moi,
En prenant ma bienveillance pour de la faiblesse.
Pensez bien que si je vous ai acceptés sous mon toit

C'est parce que j'ai trouvé en vous beaucoup de sagesse.
Et c'était bien la première fois que j'éprouvais une telle compassion
Pour des esclaves Indiens, engagés, qui travaillent sur ma bytasion.
Si votre douceur et votre soumission ont suffi pour m'aveugler
Votre travail dans les champs ne vaut guère le salaire qu'on vous a fixé ;
Alors ne me suppliez point madame d'user en toute liberté
De mes droits, et de mes biens que je regrette d'avoir acheté.
Il tourne le dos et il s'en va
Vous me coûtez plus cher qu'un champ de canne renvoyé.
J'ai donné ordre au médecin de ne pas vous soigner
Et demain, vous serez les premiers à être appelé
Des que le soleil commencera à se montrer.
Tout bas

Au diable !

Pendant ce temps deux officiers s'emparent de Ramasami et Sivalaban et les enferment dans un tonneau rempli d'aiguilles et les roulent sur une pente. Les autres femmes s'écrient et cachent la face des petits enfants. Thamili se jettent dans les bras d'Arulammal en pleurant.

Thamili

Yo ké tchoué yo …. Ils vont les tuer !

Arulammal

Non, Thamili ! Ils ne mourront pas.
Les braves gens ne meurent pas.

Nâvalan

Il nous faut avoir confiance en notre Dieu Shiva
Et à coup sûr il nous délivrera de ses bras puissants
De toute la méchanceté de ses hommes blancs
Ne pleure pas, Rama reviendra vivant tu verras.

Officier

Tais-toi Malabar !
Sous le fouet Néduramn s'évanouit et tombe.
Navalan et Arulammal courent près du corps.

Arulammal

Oh, Brahman ! Ils ont tué mon mari

Nâvalan

Non ! Non ! Il est seulement évanoui.
La fatigue, la faim et le soleil de midi

Suffisent déjà pour nous abasourdir
Et le fouet n'est pas une partie de plaisir.

Les officiers ramènent les corps ensanglantés de Rama et Nanmâran et s'emparent de Navalan

Officier

Vini la coolie ! (*En l'arrachant de dessus le corps de Neduraman)*

Thamili se lève en voyant les deux officiers revenir. Ils ont des aiguilles enfoncées dans la chair.

Les autres qui assistent à la scène s'approchent timidement des jeunes hommes.
Les officiers s'en vont avec Nâvalan. Ils commencent à prodiguer les soins nécessaires.

Scène 2

Quelques jours après ce premier drame, les indiens se révoltent. Une case coloniale est partie en fumée cette nuit. Quelques uns se sont enfuis dans les campagnes boisées. Le colon leur rend une nouvelle visite.

Colon

Cette nuit une maison de la plantation a pris feu
Et je suis persuadé que ceux qui se livrent à ce jeu
Sont encore ici où sont déjà très loin de leur délit.
Je vous fais savoir que si l'un d'entre vous dans son esprit
S'imagine une nouvelle fois me causer une telle perte
Cette fois mon châtiment le rendra sans doute inerte.
Je regrette même de vous avoir employé
Car vous n'avez pas la force des nègres pour travailler.
Votre négligence physique est un déshonneur pour la race humaine.
S'il me coûtait à moi seul vous seriez déjà en route pour Pondichéry,
Je ne vous ferais pas cet honneur car je sais que vous en mourrez tous d'envie.
C'est dans la boisson que vous allez noyer toute la haine
Que vous éprouvez envers moi,

Et cela est vrai, croyez moi.

Navalan arrive avec un corps sans vie porté par deux jeunes hommes de son camp.

Navalan

Mes frères, nous avons retrouvé le corps d'un de nos amis
Dans un fossé tout près de cette maison en cendre gisant sans vie.
Mais je reste persuadé Monsieur que vous pouvez nous donner quelques explications,
Sur le sort de ce malheureux retrouvé à quelques pas seulement de votre maison ;

Colon

Oses-tu dire que j'ai fait tuer cet homme écervelé !

Navalan

Oui !
Ce fossé était encore ramollit par la pluie tombée
Nous avons retrouvés des traces de chaussures comme celles que vous portez.
Elles sont si solides qu'une meule à affûter ne saurait les user.

Le colon se dirige vers Navalan et l'empoigne violemment à la gorge

Colon

Tu veux me défier vaurien ? Hein ! Tu veux te mesurer à moi !
Laisse-moi te montrer comment je sais m'y prendre cette fois !

Tout à coup le Chef du service de l'immigration surgit avec quelques officiers en armes. Il a eu vent de certaines affaires et voulait en vérifier l'exactitude.

Chef

Relâchez cet homme car vous avez affaire à moi.
Depuis quelques temps des doléances me sont parvenues
A propos d'une traite excessive et sans retenue
A l'égard des travailleurs sous votre commandement.
S'adressant à ses hommes
Messieurs vérifiez-moi les cases de ce camp.

Que ce passe t-il ici ? Un cadavre, deux hommes avec des contusions !
Messieurs, arrangez-vous pour que ce colon soit destitué de sa fonction.
Quand à vous, la gérance de cette habitation vous est enlevée

Vous serez conduit tout droit en la prison et là vous allez supplier,
Derrière ces barreaux de fer, ces indiens de vous emmener de l'eau et du sucre.
Je veillerais à ce que vos amis du syndic
Puissent connaître un sort identique.
Jamais je n'aurais cru que c'est à ce prix que les Français mangent du sucre !

Officiers du Chef

Monsieur !
Il a été très facile de faire l'état des lieux.
Ils ne possèdent rien, ni natte, ni couverture,
Même pas un lit pour dormir, seulement un coin de feu
Avec de maigres rations couvertes de moisissures.

Chef

Cet homme ne mérite pas la prison mais la pendaison,
Ramenez-moi ses complices et ceux qui habitent de sa maison.
Ces actes sont indignes de nos sucreries.
(Tout bas)
Se tournant vers les Indiens,
Ces hommes ont-ils été conduits à l'infirmerie ?

Navalan

Non Monsieur !

Chef

Qu'on les emmène au médecin pour qu'ils se fassent soigner.
Seulement après être rétablis, ils pourront travailler.
Par ici assassin ! En route pour la prison du bas du Bourg
En attendant un bateau pour votre rapatriement dans quelques jours,
Où vous serez jugé devant un tribunal à Paris
Pour abus de pouvoir sur des engagés coolies.
S'adresse aux indiens
Enterrez votre mort et reprenez le travail demain.
Un des mes officiers prendra le commandement

En attendant de trouver un nouveau remplaçant.
Pour ce qui vous manque soyez assurés de mon soutien.

Les Indiens étaient fort contents de cette victoire et se mirent à danser et fêter toute la nuit. La pièce se termine par une chorégraphie basée sur les coutumes indiennes ainsi que leurs instruments de musique traditionnels.

Glossaire

Bonjou Missié : bonjour Monsieur

Brahman : dieu indien

Bytasion : habitation

Coolie : travailleur agricole indien ou chinois, utilisé de façon péjorative aux antilles.

Dhoti : vêtement masculin formé d'une pièce de toile de 2 à 3 mètres enroulée autour des reins.

Kabouèt : charrette

Kala-pani : croyance hindoue selon laquelle sont maudits ceux qui osent franchir les flots noirs de l'océan.

Loi Mackau : loi du 18 juillet 1845 qui accorde à l'esclave le droit de posséder des biens meubles et immeubles.

Malabar: appellation des indiens originaires de Malabar

Maliémen : déesse de la variole et divinité populaire du pays tamoul.

Mestri : patron d'une équipe de recruteurs en Inde

Mi on bel ti bata'zindien, mi : quel joli petit métis

Palpou : variété de lentilles.

Paroka: plante rampante à fruit jaune comestible utilisée dans les cérémonies.

Potou : point que portent les femmes au front.

Sari : tenue vestimentaire portée par les femmes constituée de plusieurs mètres de tissu enroulé autour du corps.

Tafia : boisson alcoolique résultant de la distillation du jus de canne.

Tali : insigne sacré attaché autour du cou de la jeune mariée hindoue par son époux.

Vatialou : maître indien instruit parmi les immigrants en Guadeloupe.

Vêpèlè : arbre originaire de l'Inde dont les feuilles servent lors des cérémonies religieuses.

Yo ké tchoué yo: ils vont les tuer.

Dépôt légal : octobre 2009

Editeur : Books on Demand, 12-14 rond-point rond-point des Champs Elysées, 75008 Paris

Impression : Books on demand GmbH, Allemagne

ISBN : 9782810616404

3S8829A